AF305662

CATALOGUE

D'UNE BELLE

COLLECTION

DE

TABLEAUX,

Des Maîtres les plus célébres *Hollandais,*
Flamands, Italiens, Français et
Espagnols.

Formée avec beaucoup de savoir et de goût,
par Monsieur

HENRY CROESE, Ez.

Chez qui la vente aura lieu Mercredi le 18 Septembre
1811. à dix heures et demie du matin, sur le Heeren-
gracht, près du Reguliersgracht, No. 582. à Amsterdam.

par les COURTIERS:

PHILIPPE VAN DER SCHLEY,
JEAN DE BOSCH, Jerz.,
JEAN YVER,
CORNEILLE SEBILLE ROOS, et
JERONIMO DE VRIES.

On pourra examiner les Tableaux deux jours, savoir
le Lundi et Mardi avant la Vente.

Le *Catalogue* se trouve chez les courtiers
susnommés en payant deux sous pour
les pauvres.

V

AVERTISSEMENT.

Cette collection est composée de différens tableaux précieux que Mr. HENRY CROESE, EZ. à choisis dans voyages; elle est augmentée de plusieurs morceaux d'un rare merite qui proviennent des cabinets de Mrs. J. GILDEMEESTER et P. DE SMETH.

On a un peu détaillé la description des sujets afin que les amateurs étrangers qui connoissent cette belle collection y retrouvent facilement les morceaux qui ont fixé leur attention.

Ces tableaux sont très-bien entretenus et élégamment encadrès; la dimension en est calculée d'après le pied d'Amsterdam de 11 pouces.

Les

Les acheteurs ne pourront élever aucune discussion après la vente, sous quelque prétexte que ce soit, puis qu'ils ont la faculté de les examiner auparavant; ils seront en outre tenus de payer un sol de Hollande par chaque florin pour droit d'adjudication.

CATALOGUE

D'UNE BELLE

COLLECTION

DE

TABLEAUX.

A.

AST, (PIERRE VAN)

Haut 22, large 33 pouces. Bois.

No.

1. On voit sur une table dans un fond obscur une belle corbeille de fleurs, sur les quelles on apperçoit quelques insectes, plus loin un vase.

L'artiste a parfaitement su conserver la fraîcheur de ces fleurs, il en a saisi la ressemblance d'une manière attrayante ; il lui falloit une grande habitude de coloris pour produire autant d'illusion.

A   B A.

B.

BALEN, (HENRY VAN)

Haut 13, large 18 pouces. Bois.

No.

2. On voit dans un riche paysage plusieurs Bacchan-
tes sur la droite; Bacchus est au milieu, monté
sur un âne, à leurs pieds sont des vases renversés;
on voit à gauche des enfans qui se divertissent,
avec une chèvre; plus loin une perspective riante.

*La carnation est belle, le coloris convenable, et
l'ensemble porte un caractère d'originalité qui ne
déplait pas.*

BARBIERS, (PIERRE)

Haut 18, large 23 pouces. Toile.

3. Un paysage; on voit à gauche une chaumière
ombragée par un gros arbre d'une belle verdure,
au pied du quel est une villageoise, un panier,
au bras est une cruche à la main, au milieu est
une eau qui retombe en écumant; non loin une
brebis qui pâture; à droite un chariot de poste
qui s'éloigne; la perspective est montueuse et
prolongée.

BAR-

B A R B I E R S, (PIERRE)

Haut 17, large 13 pouces. Bois.

No.

4. Un paysage; on voit une habitation champêtre entourée d'arbres, sur le devant est une paysanne, un bâton à la main et un panier au bras; son chien l'accompagne.

L E　M Ê M E.

Haut 14, large 18 pouces. Bois.

5. Un paysage, à gauche est une touffe d'arbres, où s'enfonce une habitation champêtre; au milieu est une paysanne, qui étend du linge sur une haye de planches; on voit à droite une perspective, et sur le devant un terrain de bruyère.

L E　M Ê M E.

Haut 27, large 31 pouces. Toile.

6. On voit à l'entrée d'un bois rustique, quelques chemins qui se croisent; sur le devant près du tronc d'un arbre chemine une femme, une cruche à la main et un panier an bras; au second plan sur la droite, se dirige un homme avec sa charrette.

Ce Tableau et les trois précédens sont d'un peintre vivant, connu par de bons ouvrages; les tableaux

sont

sont pleins d'âme, la touche en est large ; elle a beau-
coup d'aisance ; le coloris est vif, le feuillage et les
arbres y sont parfaitement imités, l'air est ménagé
avec art ; la clarté y détache bien les perspectives ; les
amateurs de l'école Hollandoise verront avec plaisir
les productions d'un Contemporain qui cherche à en
soutenir la gloire.

BERCHEM, (NICOLAS)

Les figures sont peintes par *Weenix l'ainé.*

Haut 50, large 66 pouces. Toile.

No.

7. Un riche paysage Italien montagneux. Une
dame près d'un cheval sellé, qu'un jeune maure
tient par la bride ; devant elle un pâtre à genoux
dans une attidude suppliante ; plus loin deux pay-
sannes dont l'une assise ; près d'elles quelques
chèvres et quelques moutons ; à droite sur le
premier plan d'autres moutons et deux vaches ;
au fond un pâtre avec son troupeau, et de plus
une charmante perspective à droite.

Ce Tableau est d'un ton agréable, la clarté en est
bien ménagée, les figures en sont soignées, il est d'un
coloris charmant par son naturel ; on y reconnoit l'ou-
vrage de deux habiles pinceaux.

BERCHEM, (NICOLAS)

Haut 11½, large 14½ pouces. Toile.

No.

8. On voit sur une colline couverte d'herbe quelques bestiaux couchés et d'autres qui paturent, deux jeunes villageoises semblent avoir la garde de ce troupeau, l'une d'elles est occupée à traire une chèvre.

Ce paysage est charmant, l'attitude des animaux y est d'une vérité parfaite. Ce Tableau est un des meilleurs de ce savant artiste, il provient de la célebre Collection de feu Mr. P. de Smeth, il portrait le No. 8. du Catalogue.

L E   M Ê M E.

Même dimension que le précédent.

9. Un paysage Italien traversé par une riviére, il est meublé d'arbres pittoresques; près d'une vache couchée, de deux brébis et d'un chien se trouvent deux pâtres et une villageoise.

Ce Tableau peut servir de pendant au précédent, la touche y est aussi belle et le dessein aussi moëlleux, il portrait le No. 9. du Catalogue de Mr. de Smeth.

BOLL, (FERDINAND)

Haut 54, large 64 pouces. Toile.

No.

10. Le sujet de ce superbe tableau, est la fable de Vertumne et Pomone: on voit près d'un palais Vertumne dans un taillis, habillée en vieille, le visage tourné vers Pomone qu'elle tient par la main. Pomone est élégamment vêtue, la tête ceinte d'une couronne de fleurs, elle tient à sa main gauche une corbeille de fruits; il y a sur la gauche un vase étrusque contenant des œillets d'un naturel frappant. La carnation de Pomone est claire et délicate, son costume est peint avec art; le visage de Vertumne est plein d'expression et forme un contraste admirable, avec la physionomie pleine de douçeur de Pomone.

Ce Tableau est d'un beau dessein, on y reconnoît la touche ferme d'un bon élève de Rembrandt, le coloris en est gracieux, l'ensemble est d'un effet rempli d'harmonie.

LE MÊME.

Haut 28, large 12½ pouces. Bois.

11. Dans un superbe palais on voit sur un amphithéâtre élevé, Pyrrhus qui cherche vainement à corrompre Fabricius, par des menaces et par des
pré-

présens; il y a de tous côtés des guerriers. On apperçoit sur le premier plan un chien qui veut mordre deux enfans.

Le Coloris est beau et l'ordonnance parfaite.

BOLL, (FERDINAND)

Haut 24, large 18½ pouces. Bois.

No.
12 Un bon vieillard souriant avec malice; il porte sa main droite vers son visage, elle est fermée à l'exception d'un doigt qu'il appuye sur son menton.

L'expression de sa figure est pleine d'agrément et de finesse; la touche a beaucoup de fermeté.

BOTH, (LES FRERES JEAN ET ANDRÉ)

Haut 16, large 21 pouces. Cuivre.

13. Un site pittoresque d'Italie, orné d'arbres et de plantes. Au premier plan, une femme assise sur un âne, accompagnée par un villageois, un muletier et son mulet. La perspective montueuse va se perdre sous l'horison.

Ce Tableau porté au Catalogue de Mr. P. de Smeth, sous le No. 15. est d'une touche large et gracieuse, les figures et les animaux y sont d'un fini surprenant; les deux artistes y donnent des preuves d'un grand talent.

BREE.

BREEKELENKAMP, (QUIRIN)

Haut 19, large 15 pouces. Bois.

No.

14. Deux femmes assises; l'une qui parle tient au bras gauche un seau avec lequel elle a été au marché, il y a près d'elle par terre une botte de carottes, un chaudron et une terrine; l'autre, plus âgée, a devant elle un rouet et écoute avec attention.

Il y a du fini dans ce tableau, la touche y est mâle et l'exécution très-vraie.

BROUWER, (ADRIEN)

Haut 10, large 12 pouces. Bois.

15. Un dentiste de village, qui arrache des dents à un paysan dont la veste est écarlate et derrière lequel on voit une vieille femme qui attend avec impatience l'issue de l'opération; près d'elle est un garçon occupé à préparer les médicamens qui sont sur la table.

Cette petite caricature est pleine d'esprit et d'originalité, l'action du dentiste et les souffrances du patient, sont exprimées d'une manière bien naturelle.

C.

C.

CAPELLE, (JEAN)

Haut 48, large 59 pouces. Toile.

No.

16. Vue d'un port; l'eau est calme, on voit de droite et de gauche sur le premier plan, une grande quantité de vaisseaux, de bateaux et de barques, dont quelques unes sont chargées de foin, d'autres sont pleines de matelots; on apperçoit à droite dans le fond un rempart et quelques fortifications; on remarque au milieu plusieurs voiles dans le lointain.

La perspective est merveilleuse, le réflet est d'un bel effet, le ton tantôt clair, tantôt obscur, fait ressortir la touche ferme de ce tableau qui porte le cachet d'un artiste savant et profond dans ce genre, c'étoit le No. 17. du Catalogue de Mr. P. de Smeth.

COMPE, (JEAN ten)

Haut 10½, large 11 pouces. Sur Bois.

17. Vue de l'ancien château de Loendersloot, il est entouré d'eau; on apperçoit trois cignes qui nagent et un pecheur qui tient une ligne; à gauche un pont sur le quel un paysan et plus loin une pay-

B

san-

sanne qui étend du linge sur l'herbe; il y a des
deux côtés des arbres qui produisent un bon effet.

*On trouve beaucoup de vérité, un bon coloris et un
coup de pinceau ferme dans ce tableau.*

D.

DELEN, (T. VAN)

Haut 23½, large 35 pouces. **Bois.**

No
18. Ce tableau représente une superbe salle antique,
au milieu de la quelle on voit à table trois hommes
et deux dames de distinction, un domestique est
debout derrière eux, tandis qu'un autre est occupé à gauche à préparer des liqueurs. On voit à
droite une porte par la quelle entre un autre seigneur; on découvre par la porte du fond, qui est
ouverte, une terrasse et le jardin.

*L'intérieur de la salle est parfaitement orné; les
costumes ont beaucoup de goût la lumière est disposée
avec art, il y a de l'action et de la grâce dans l'ensemble on s'apperçoit bien que le peintre a mis une
application particulière à ce tableau.*

DOES,

DOES, (JEAN van der)

Haut 11, *large* 13 *pouces.   Toile sur Bois.*

No.

19. Un paysage montagneux; des béliers et des boucs
précédent un troupeau gardé par un berger
qu'on apperçoit sous le toit d'une chaumière dé-
gradée.

*La lueur du soleil est artistement disposée, on re-
connoît la touche a'un bon maître à la manière dont
sont traités les animaux.*

DOU, (GERARD)

Haut 12$\frac{1}{2}$, *large* 11 *pouces.   Bois.*

20. Un jeune homme dessinant d'après la bosse, à la
lumière, elle est devant lui sur une table avec ses
ustensiles.

*Ce Tableau du Cabinet de Mr. P. de Smeth, No. 24.
est un vrai che d'œuvre de l'art; le peintre y a produit tout le naturel de la lumière, l'effet en est frappant, c'est un effort inimitable de son génie.*

DOU, (GÉRARD)

Haut 12½, large 11 pouces. Sur Bois.

No.

21. On voit dans une chambre une jeune fille occupée à recurer devant une table ; un jeune homme
est à côté d'elle ; on y distingue un chat et
plusieurs meubles de ménage.

Ce morçeau du Cabinet de Mr. P. de Smeth, No 25.
est d'une exécution très-soignée le coloris en est
parfait.

DRIELST, (E. VAN)

Haut 25, large 33 pouces. Toile.

22. Un paysage, on y voit une masse d'arbres, au pied
des quels est assis un villageois, avec une jeune
paysanne ; dans le fond est une chaumière sur laquelle donne le soleil, elle est entourée d'arbres ;
une femme est à la porte, sur le devant est une
belle eau où boit un chien ; plu loin sur la gauche
est une grange d'où sortent quelques pourçeaux.

Les rayons du soleil et la clarté des nuages donnent
beaucoup d'effet à ce tableau, les arbres y sont d'un
goût très naturel ; il y a de la vivacité dans le coloris.

DRIELST,

D R I E L S T, (E. v a n)

*Même dimension que le précédent, dont il est le
pendant.*

No.

23. Un paysage; on voit un villageois et une villageoise sur la grande route, leur chien les précède;
près d'eux sur la gauche est une masse d'arbres
au milieu de la quelle on apperçoit une habitation champêtre, avec une grange devant la quelle
est une charette; on découvre dans le fond du
milieu une autre habitation; beaucoup d'arbres
touffus entourent sur la gauche une pièce d'eau;
on y voit quelques canards.

*Ce tableau a de même que le précédent une lumière
agréable, il est aussi d'une excellente exécution.*

D U B B E L S, (H.)

Haut 24½, large 30 pouces. Toile.

24. Vue d'un village pendant l'hyver; on voit une
rivière gelée, sur la quelle un pont couvert de
neige; on apperçoit sur l'autre rive l'église d'un
village entourée d'habitations nombreuses; plusieurs patineurs s'exercent sur la glace; d'autres
poussent des traineaux; on distingue dans le
fond à gauche un hameau. Sur le devant auprès
du pont est un bateau pris dans la glace. Des

                    ar-

arbres depouillés de feuillage et d'autres détails analogues à la saison, forment un aspect très naturel.

Ce tableau d'une touche originale est d'un pinceau exercé dans ce genre, le ton glacial de l'ensemble y est parfaitement rendu.

DYK, (ANTOINE van)

Haut 43, large 36 pouces. Toile.

No.

25. Un homme assis à une table et jouant du luth; devant lui une flute et de la musique: un jeune homme à côté de lui l'accompagne de la flute traversière.

Ce morceau No. 11 du Catalogue de Mr P de Smeth, est plein d'expression, le coloris en est beau, on y recon-noit tout le mérite d'un pinceau ferme et habitué, à ne faire que du bon.

LE MÊME.

Haut 30, large 20 pouces. Bois.

26. Le portrait de ce peintre célèbre, peint par lui-même pour Louis XIV; on voit sa main gauche; sa collerette blanche est bien plissée, son habille-ment est noir.

Ce morceau précieux est tres-bien fini.

F.

F.

FARGUE, (M. LA)

Haut 9, large 10 pouees. Bois.

No.
27. On voit à la porte de lamaison d'un boulanger une
femme assise; près d'elle est une petite fille; elle
à l'air de parler avec une paysanne, qui porte sur
sa tête un panier de poisson, à droite est une poule
avec ses petits poulets.

*Il y a beaucoup d'ordonnance dans cette composition ;
elle est d'une touche large et ferme.*

G.

GUIDO RENI, DIT LE GUIDE.

Haut 30, large 25 pouces. Toile.

28. La vierge Marié dans l'attitude d'une femme qui
prie avec ferveur, les mains jointes les yeux tournés vers le ciel; son coude gauche est appuyé sur
une tête de mort, sa belle chevelure flotte, sur
son cou, son vêtement artistement drapé est d'un
rouge tres-pâle; son visage a une expression si
naturelle de douceur et de tristesse qu'on est
pénétré du même sentiment dès qu'on la regarde,

sa

sa belle physionomie est pleine de grâces; sa carnation est charmante et respire une tendre mélancolie.

On reconnoît à ce tableau la touche moëlleuse DU PEINTRE DES GRACES; *la nature y est atteinte au plus grand dégré de perfection; c'est une des précieuses compositions de ce célébre artiste, elle est de sa meilleure manière et renommée en Europe.*

H.

HAKKERT, DIT L'ITALIEN.

Haut 36, large 52 pouces. **Toile.**

No.
29. Charmant paysage italien; on voit sur le devant une rivière limpide qui baigne à gauche des rochers, et à droite des montagnes couvertes d'arbres touffus, deux bergers marchant sur la gauche précédés de deux mulets chargés; on apperçoit dans le fond un pont sur lequel passent quelques bestiaux; on voit sur l'avant scène un chien qui boit dans la rivière. On distingue dans le lointain quelques montagnes et quelques côteaux.

L'oeil se plait à examiner jusqu' aux moindres détails de ce tableau; on y retrouve tous les charmes de la nature. Le coloris est doux l'ensemble est séduisant.

HELST,

HELST, (BARTELEMI VAN DER)

Haut 49, large 37 pouces. Toile.

No

30. Portrait de grandeur naturelle et jusqu' au genoux d'un homme de condition ; sa main droite est appyée sur une canne, à côté de lui est son chien de chasse.

Il y a dans cette composition une grande force de pinceau et beaucoup de naturel, c'étoit le No. 39. du Catalogue de Mr. De Smeth.

HOBBEMA, (MEINDERT)

Haut 30, large 39 pouces. Toile.

31. Vue de l'intérieur d'Amsterdam, prise du côté du port, près du Cingel et de la tour qui n'en est pas éloignée on voit plusieurs figures, et dans le lointain on distingue quelques navires sur l'Y.

Ce tableau No. 41. du Catalogue de Mr. P. de Smeth est d'une belle clarté, la disposition en est savante, tout y est très-distincte ; on y trouve la touche magique de ce grand maître.

C   HUY.

HUYSUM, (JEAN VAN)

Haut 31 , *large* 23 *pouces. Toile.*

No.

32. Un vase sur une table de marbre, un bouquet de
charmantes fleurs en réleve l'éclat, les roses et
les œillets y sont d'une fraîcheur que la nature
seul peut égaler.

*Cette composition portée sous le No. 48 du Catalogue
de Mr. P. de Smeth, est d'une perfection séduisante;
on voit que le peintre est parvenu au premier Degré de
ce genre.*

J.

JANSON, DIT LE VIEUX.

Haut 18½ , *large* 15 *pouces. Bois.*

33. On voit une table couverte d'un tapis verd sur la
quelle est apprêté le déjeûner, tout près est un
jeune villageois les mains jointes occupé à sa
prière tandis que sa mère assise lui coupe une
tranche de pain bis, dont son chien semble aussi
desirer sa part.

*L'exactitude et le naturel de ce petit chef-d'œuvre
de l'école Flamande sont d'une perfection inimitable.*

J A R-

J A R D I N, (K. D U)

Haut 7, large 6 pouces. Cuivre.

No.
34 Portrait d'une femme de condition, habillée de noir et tenant sa main droite sur sa poitrine.

On y reconnoît une touche large et soignée.

J O R D A A N S (J A C Q U E S)

Haut 53, large 74 pouces. Toile.

35 Plusieurs femmes de grandeur naturelle peintes jusqu' aux genoux; une nymphe majestueuse de la chasse, suivie de ses compagnes, a une couronne de fleurs sur sa tête, et en place une autre sur la tête d'une de ses compagnes, qui est à genoux devant elle et qui tient un arc dans sa main gauche; les autres nymphes la regardent avec une attention mêlée de surprise; on voit du côté droit deux chiens de chasse, et l'on apperçoit dans le lointain deux autres femmes assises dans le bois

Ce tableau est d'une belle ordonnance d'un coloris vif et soigné; il est plein d'expression.

JUNKER, (D.)

Haut 15 , large 19 pouces. Bois.

No.

36. L'intérieur d'un ménage ; on voit une femme qui fait la lescive , près d'elle est un petit garçon un cerceau à la main gauche ; au distingue plusieurs meubles rustiques.

Ce tableau d'un genre très-agréable est d'un fini rare ; le dessin en est parfait.

K.

KESSEL, (JEAN van)

Haut 25 , large 31 pouces. Toile.

37. On voit sur le devant une vaste étendue de prés sur les quels on fait blanchir des toiles près d'un village : la vue est immense ; on apperçoit dans le lointain l'église de Haarlem.

Ce tableau est d'une touche large et agréable.

L.

L.

L A A N, (J. V A N D E R)

Haut 10, *large* 14 *pouces. Bois.*

No.
38. Vue d'hiver. Dans l'intérieur d'une ville on voit
à gauche la boutique d'un sellier d'où sort, un
jeune garçon qui vient de faire arranger ses patins
qu'il tient à sa main, près de lui est une petite
fille, et un homme près du quel est un traineau;
on voit plus loin une femme avec un petit garçon,
dans le fond un beau clocher et l'église entourée
d'habitations. La rue et les toits sont couverts de
neige; l'attitude parfaitement rendue des personnages annonce qu'il fait un froid excessif.

*La lumière est parfaitement repartie, le coloris est
agréable et l'ensemble bien fini.*

L E   M Ê M E.

Haut 10, *large* 14 *pouces. Bois.*

39. L'intérieur d'un bourg, à droite une habitation; à
la porte est un homme assis sur un banc, la pipe
à la main; il cause avec une femme qui tient par
la main un enfant après du quel un chien aboye.
On voit à gauche la maison d'un maréchal ferrant,
C 3

plus

plus loin l'église entourée de maisons. Un homme
arrive à chéval, on en voit un autre qui traine
une brouette.

Ce tableau est d'une composition pleine d'agrément,
le coloris est frais, les figures sont particulierement
soignées.

LAIRESSE, (GERARD DE)

Haut 55, large 32 pouces. Toile.

40. Ce tableau semble offrir une allégorie; on y voit
un piédestal sur lequel un vase, rempli de différentes fleurs, dont une rose est tombée a côté;
deux enfans sont auprès, l'un cherche à atteindre
cette rose, l'autre qui tient un bouquet, semble l'en
empêcher en regardant une autre rose qui est
par terre et qui déja à perdu quelques feuilles,

Le coloris de ce tableau a beaucoup de naturel et
de grâces.

LINGELBACH, (JEAN)

Haut 9, large 11 pouces. Bois.

No.
41. Vue d'un camp, près de quelques tentes à droite
on voit un cheval blanc sellé, près de deux autres
che-

chevaux montés par des cavaliers; au milieu est un homme assis par terre, près de lui sont deux chiens; à gauche est un soldat armé d'un fusil; dans le lointain une perspective militaire.

Ce tableau, peint dans le genre de Philippe Wouwerman, a du mérite.

M.

M A A S, (D I R K)

Haut 14, large 19 pouces. Bois.

No.
42. Un voyageur descendu de cheval se repose à la porte d'une hôtellerie, il tient par la bride son cheval gris blanc, et regarde avec plaisir une femme, qui lui présente gracieusement un verre de vin; un peu plus à droite est un autre cheval brun, près du quel est un chien. On distingue au second plan à gauche une fontaine, où un homme fait boire son cheval, le fond offre une belle perspective et riche d'arbres, on voit au premier plan deux dindons.

Ce tableau est d'un coloris moëlleux le dessein en est excellent; c'est un chef-d'œuvre d'exactitude.

MAAS,

M A A S, (D I R K)

Deux Tableaux, chacun haut 45, large 35 pouces. Toile.

No.

43. L'un représente une dame et l'autre un homme de condition, de grandeur naturelle, leur costume est riche et bien exécuté.

M A T T O N, (J.)

Haut 18, large 14 pouces. Bois.

44. Un musicien assis contre le tronc d'un gros arbre à la porte d'une maison de campagne ; il joue du violon ; une vieille femme debout derrière à côté de lui, lui presente un verre de bierre ; on voit non loin sur la gauche une femme assise pres d'une table ; elle tient une chanson qu'elle chante, vis-à-vis d'elle est un paysan qui fume paisiblement sa pipe et semble prêter une oreille attentive ; entr'eux deux est un jeune paysan, qui d'une main tient un verre et de l'autre un pot à bierre.

Ce tableau est plein d'effet, la clarté y est parfaitement ménagée, le coloris en est charmant, il a beaucoup d'expression, c'etoit le No. 56. du Catalogue de Mr. De Smeth.

MEER,

MEER, (VAN DER) *de Delft.*

Haut 15½, *large* 17 *pouces.* *Toile.*

No.
45. On voit dans une chambre une femme d'une phy-
fionomie agréable ; elle est assise, debout à côté
d'elle est son maître de musique qui lui donne
leçon ; un violon pendu au mur et d'autres accessoires terminent cet ensemble.

Ce Tableau No. 57. du Catalogue de Mr. P. de Smeth
est dans le genre de Terburg : il est d'une touche agréa-
ble, d'un coloris clair et d'une action très-expressive.

METZU, (GABRIEL)

Haut 14½, *large* 13 *pouces.* *Bois.*

46. Devant une habitation de village est une poissarde
un petit baquet de harengs sous le bras, elle en
tient un hareng à sa main droite et l'offre à une
vieille paysanne qui paroit marchander.

Ce tableau connu sous le nom de la marchande de
harengs est de la Collection de Mr de Smeth No. 58.
C'est sans contredit un des meilleurs de ce peintre ; le
coloris, le dessin, l'action et le fini des plus petits dé-
tails en font une production précieuse.

 M E T-

METZU, (GABRIEL)

Haut 9, large 7½ pouces. Bois.

No.

47. Un bon vieillard assis près d'un tonneau sur le quel repose son bras gauche; dans sa main pendante est une pipe qu'il vient de fumer; il a dans sa main droite un pot à bierre; et un bonnet de poil sur la tête; dans le coin de la chambre à gauche est accrochée une petite cruche. Son visage annonce cette franche gaieté qu'on trouve à la campagne. Son habit et gris, est sa collerette blanche.

C'etoit le No. 60. du Catalogue de M. de Smeth. tous les détails de ce tableau sont dignes d'une attention particulière, c'est la nature parlante; on y reconnoît l'ouvrage d'un pinçeau exercé.

LE MÊME.

Haut 15½, large 12½ pouces. Bois.

48. Un jeune paysan imbécille assis, le chapeau sur la tête; il y a sur ses genoux une marmite dans la quelle est une cuillier qu'il tient à sa main droite; un chien qu'on voit devant lui semble vouloir partager ce qu'il mange.

On y reconnoît la touche large et tout le talent de l'auteur.

MIE-

MIEREVELD, (MICHEL DE)

Haut 29, large 22 pouces.   Bois.

No.
49. Portrait d'un homme d'une belle physionomie; il
a la tête nue; sa main droite est sur sa potrine, sa
collerette blanche est bien détailée.

C'est l'ouvrage d'un bon pinçeau; c'etoit le No. 61.
du Catalogue de M. de Smeth.

MIERIS, (FRANÇOIS VAN) *le vieux.*

Haut 12½, large 10 pouces.   Bois.

50. Une femme de Condition, tenant un petit chien
blanc et noir à son bras gauche, son costume de
satin blanc est parfaitement drapé, il y a de la
grace et de la majesté dans sa physionomie.

On reconnoît à ce tableau la touche hardie d'un
artiste distingué.

MIERIS, (GUILLAUME DE)

Haut 17, large 21 pouces.   Bois.

51. Céphale et Procris. On voit Procris par terre sou-
tenue dans les bras d'un vieillard vénérable: une

flêche enfoncée dans son flanc perce son cœur;
le sang jaillit, une pâleur mortelle couvre son visage et son corps, ses yeux et ses belles mains
sont tournés vers le ciel, elle semble implorer le
pardon de son assassin: la douleur altère sa douce
physionomie *Cephale* est devant elle, il foule à
ses pieds son malheureux carquois, il tient de sa
main gauche l'arc meurtrier, qui lui enlève ce
qu'il a de plus cher, le désespoir est peint sur sa
figure; il maudit sa méprise et invoque la mort.
La scène est dans un bois, dont l'obscurité lugubre fait ressortir les personnages d'une manière
étonnante; l'expression, les attitudes, le dessin,
le coloris, tout atteint la perfection; la carnation
se distingue par son caractère frappant; les costumes sont d'un goût et d'un fini sans exemple.

*Les difficultés de ce sujet plein d'intérêt sont vain-
cues d'une manière magique, les coutours sont moëlleux, la touche prouve un grand génie. Les connoisseurs conviennent que c'est le Chef-d'œuvre de Guillau-
me de Mieris.*

MOLENAAR, (JEAN. M.)

Haut 16, large 14 pouces. Bois.

No.
54. L'interieur d'une chaumière; on voit près de la
cheminée plusieurs villageois qui se divertissent
l'un

l'un a sa main passée autour, du cou d'une paysanne qu'il veut embrasser ; sous un banc est
couché un chien.

*L'ensemble à de l'agrément, et les details en sont
piquans.*

M O L E N A A R, (J E A N M.)

Haut 39, large 31 pouces. Toile.

No.
53. Un paysage montagneux ; on voit des deux côtés
des arbres de hautes futaye au milieu des quels
s'echappe un torrent qui forme une cascade sur
un fond de rocs, on distingue plus loix àgau-
che un autre torrent ; on apperçoit à droite sur le
devant, plusieurs voyageurs dont l'un est assis
sur un tronc d'arbre étendu par terre.

*Ce tableau est pittoresque le site en est piquant on
y trouve les traçes d'un pinçeau habitué à ien tra-
vailler.*

M O L E N A A R, (K L A A S)

Haut 21, large 16 pouces. Bois.

54. Paysage d'hiver. Un chemin tortueux, couvert de
neige, conduit à un village, dont on voit le clocher dans le lointain. On voit des deux côtés de
la route de grands arbres dépouillés de feuillage ;
D 3

dans

dans le bas marchent un paysan et une paysanne,
non loin sont deux vieux saules; on voit de côté
et d'autre des habitations dont les toits sont couverts de neige.

*Le peintre à parfaitement saisi les différentes nuan-
ces de lumière, l'aspect glacial de ce tableau a beaucoup de naturel.*

M O N S I A U.

Haut 25, large 32 pouces. Toile.

No.

55. On voit dans un superbe Palais, *Socrate* assis à
une table de marbre, sur la quelle il y a des roses,
un vase et une lyre. La belle *Aspasie* est assise
vis-a-vis de lui près du buste de *Péricles*, elle
parle à *Alcibiade*, qui est debout à côté de *Socrate*; ils prêtent tous deux une oreille attentive
au discours d'*Aspasie*.

L E   M Ê M E.

Même dimension qui le précédent.

56. On voit près d'un temple un jeune homme; qui
tient par la main une jeune personne, sur la tête
de la quelle il pose une couronne, sur la gauche

est

est assise une jeune fille qui leur offre une guir-
lande de roses, il y a derrière elle beaucoup de
fleurs dans des vases.

Ce tableau de même que le précédent se fait remar-
quer par un coloris bien frais et des formes pleines de
graces ; le dessin en est moëlleux et la carnation dou-
ce ; les amateurs de l'école française estiment beau-
coup les deux tableaux.

MOUCHERON. (FREDERIC DE)

Les figures sont de J. Lingelbach.

Haut 36, large 50 pouces. Toile.

No.
57. Un paysage très-montagneux avec quelques broussailles ; le premier plan offre la vue d'un étang
entouré de montagnes et de bois ; de chaque côté
est un chemin ; celui de droite est d'une pente
beaucoup moins forte, on y voit une dame sur
un cheval blanc, sa robe est bleue elle tient un
faucon sur un des doigts de sa main gauche, un
homme à pied conduit son cheval par la bride
à côté de-là est un cavalier sur un cheval brun
et entouré de chiens de chasse, derrière eux est
un paysan qui indique avec sa main gauche
l'endroit où est passé le gibier ; on voit sur la
forte descente du chemin de gauche au pied des
montagnes trois cavaliers dont l'un déja dans l'étang

y

y fait boire son cheval que précède un chien; non loin est un homme assis par terre, on apperçoit au haut de ce chemin et plus haut dans les montagnes quelques restes de ruïnes.

Ce tableau est plein d'action, le soleil y produit un effet bien ménagé, l'ensemble y est d'un grand naturel, on y reconnoît deux talens parfaits de ces artistes pleins de goût. C'étoit le No. 67. du Catalogue de Mr. de Smeth.

N.

NEEFS, (PIERRE)

Haut 28, large 40 pouces. Bois.

No.

58. L'intérieur de la cathédrale d'Anvers, qu'on voit dans toute sa longueur, on distingue plusieurs autels; diverses chapelles, des tableaux, des épitaphes, des tombeaux. Il y a une quantité immense de personnages de toutes les classes, on apperçoit beaucoup de statues, celles de **St. Pierre** et de la vierge Marie tout d'une belle dimension; il y a beaucoup de groupes divers, et sans le moindre echec, les détails de ce tableau sont extrèmement intéressans; les figures supérieurement peintes et bien dégagées prouvent qu'on a raison de donner à *Sebastien Franks,* le premier rang dans ce genre.

L'exécution de l'eglise ne laisse rien à desirer; on voit que les deux artistes ont rivalisé de goût et de talent; c'est un des beaux morceaux de cette collection.

NEER,

NEER, (AART van der)

Haut 12½, large 17 pouces. Bois.

No
59. Un clair de lune; on voit sur le devant une large
rivière, et au premier plan, sur le devant, une barque, près de la quelle un bateau avec deux hommes; on voit à gauche un paysage orné d'arbres
touffus, pres des quels on distingue un village;
près du bord de la rivière est une femme assise sur
un banc, près delà est une petite fille, devant
elle sont deux hommes. On apperçoit dans le
lointain un moulin et quelques barques à la voile,
les rayons de la pleine lune font sur l'eau un
réflet charmant et donnent à l'ensemble une
clarté nocturne vraiment admirable.

Ce tableau est d'une exécution habile; il est impossi-
ble de representer la nuit sous des formes aussi natu-
relles et aussi agréables.

NETSCHER, (GASPAR)

Haut 15, large 12½ pouces. Toile.

60. Un homme d'âge assis, la jambe droite sur son
genou gauche et le coude droit sur une table, il
fume tranquillement sa pipe en lisant un journal
qu'il tient à sa main gauche; devant lui est un
tabouret.

Le visage est plein d'expression, c'est d'un pinceau
de maître.

E   O.

O.

OSTADE, (ADRIEN VAN)

Haut 13, large 18 pouces. Bois.

No.
61. Un jeu de quilles devant un cabaret de village;
deux paysans y jouent; un troisième est spec-
tateur; sur l'avant-scène en est un assis et un
autre qui fume sa pipe près de deux enfans qui
s'amusent; on voit dans le fond une blanchisserie,
et plus loin des villageois qui se divertissent.

*Ce morceau connu sous le nom du jeu de quille est
le No 72. de la collection de Mr. de Smeth; il a beaucoup de mouvement et de gaité, le coloris en est exel-
lent, la lumière bien distribuée et l'ensemble parfait.*

OSTADE, (ISAC VAN)

Haut 14½, large 13 pouces. Bois.

62. Vue d'un hyver; près d'une habitation champêtre on voit une paysanne, au pied d'un gros
arbre chauve est une rivière gélée, sur la quelle
est un pont de bois, un jeune garcon est assis
sur un petit traineau; qu'il fait glisser; près de
lui est un patineur, qui pousse un autre traineau,
à droite est un autre homme, qui met ses patins,
on

on voit sur le pont une perspective prolongée sur la glace.

Ce tableau d'une belle clarté, est d'une touche pleine de naturel, le coloris en est convenable, la glace y est parfaitement imitée.

P.

P A L A M E D E S, (P.)

Haut 21 , large 27 pouces.   **Bois.**

No.

63. A gauche est une femme vêtue de noir , elle chante en s'accompagnant de la guitarre, une societé nombreuse l'écoute avec attention. Un homme entre dans la chambre un lièvre à la main, il le présente à une dame, un autre tient deux perdrix.

Ce tableau d'une touche particulière est plein d'ac-tion, les figures y sont d'une rare perfection.

P I E N E M A N.

Haut 29, large 23 pouces.   **Toile.**

64. Une vierge Marie de grandeur naturelle, peinte jusqu' aux genoux, elle est occupée à des prières ,

E 2

ses

ses bras sont croisés, son coude gauche est appuyé sur une table couverte d'un tapis.

Sa chevelure est très-soignée : il y a dans ses yeux un sentiment pénétrant de tristesse ; la carnation est douce, on voit que le peintre connoissoit bien l'ana-tomie.

POEL, (EGBERT van der)

Haut 22, large 16½ pouces. Bois.

No.

65. Vue nocturne de l'intérieur de la ville de Delft ; représentant les feux de joie à l'occasion de la Paix de 1672, on voit à gauche une voiture, et beau-coup d'habitans qui prennent part à la joie générale.

Ce tableau est d'une touche pleine de vigueur et d'un beau coloris.

POELENBURG, (CORNEILLE)

Haut 6½, large 8½ pouces. Cuivre.

66. On voit Adam et Eve, qui se reprosent près d'un gros arbre, avec leurs deux enfans Cain et Abel. Eve tient un fuseau dans sa main droite.

L'air est parfaitement traité, l'effet est naturel, le coloris est vif et clair.

POT.

P O T T E R, (P A U L)

Haut 19, *large* 14½ *pouces.* **Bois.**

No.

67. Paysage champêtre , sur un monticule couverte d'herbe, près du tronc d'un saule , est couchée une vache, elle est tachetée de roux, derrière elle en est une autre dressée sur ses jambes, près d'un jeune taureau.

Ce morçeau preéceux est de la Collection de Mr. de Smeth No. 75. les animaux y sont peints avec une perfection sans égale, elle prouve jusqu'à quel point le peintre a poussé le talent d'imiter la belle nature.

L E M Ê M E.

Haut 18½ , *large* 17 *pouces.* **Toile.**

68. Un paysage d'une vaste étendue, on voit au pre‑ mier plan une colline sabloneuse sur la quelle, un cheval gris pommelé vu de face; plus loin une voiture à quatre cheveaux et une perspective montueuse.

Cette composition provient du Cabinet de Mr. de Smeth No. 77. l'attitude du cheval est belle , l'en‑ semble est d'un effet agréable.

E 3   PYN‑

PYNACKER, (ADAM)

Haut 14½, *large* 18½ *pouces. Bois.*

No.

69 Un paysage bien boisé. Une villageoise près de quelques chèvres et de deux vaches dont l'une est couchée, une perspective montueuse se détache vers l'horison.

Ce morceau de la collection de Mr. de Smeth No. 79. peut être considéré comme son chef-d'œuvre, il y a déployé tout son talent, la ressemblance des animaux y est gracieuse et l'ordonnance on ne peut mieux distribuée.

LE MÊME.

Haut 12½, *large* 10 *pouces. Bois.*

70. Vue d'une grotte; on voit sur les marches d'une habitation en ruïne une femme assise un fuseau à la main, plus bas sur la gauche sont deux paysans, l'un sur un âne parle avec l'autre qui est à pied et suivi par son chien; on distingue dans le lointain une perspective montagneuse.

Cette petite production est pittoresque et bien soignée dans tous ses détails; elle est d'une touche mâle et d'un teint très-agreable.

ROT-

R.

ROTTENHAMER, (JEAN)

Disciple de Paul Veronese.

Haut 9, large 6½ pouces. Cuivre.

No.

71. On voit sous quelques arbres Venus assise, Cupi-
don voltige près d'elle il tient de sa main gauche
un arc et de l'autre il caresse le menton de sa
mère, l'attitude de Venus a beaucoup de grâce.

*Ce petit tableau prouve que quoique les tableaux de
l'école allemande ne soient pas abondans il y en a
cependant qui ne sont pas sans mérite.*

RUBBENS, (PIERRE PAUL) et SNYDERS, (FRANÇOIS.)

Haut 68, large 111 pouces. Toile.

72. La chasse du sanglier, on voit au milieu un sanglier poursuivi par des chiens dont quatre terrassés
par lui, ont de profondes blessures; il mord au
bras un chasseur armé d'une pique, et qui se
courboit pour le percer; plus haut un autre chasseur vêtu de bleu, il enfonce sa pique derrière
l'oreille du sanglier, on voit sur la droite à la
sor-

sortie du bo's un chasseur qui sonne du cor. Le
sanglier est de *Snyders* le reste est de *Rubbens.*

Ce tableau très-connu de tous les amateurs, a des
beautés inimitables, les chiens surtout y sont tracés
avec un talent admirable. Ce chef-d'œuvre est au-
dessus de tout éloge.

RUBBENS, (PIERRE PAUL)

Haut 40, large 28 pouces. Bois.

No.
73. Hebé déesse de la jeunessé et de la santé, nour-
rissant Esculape sous la forme d'un serpent autour de son bras.

Cette allégorie pleine d'esprit et de grâces provient
de la Collection de Mr. de Smeth, No. 84. la figure d'
Hebé est charmante, le coloris est parfait et le dessin
ferme et moëlleux.

RUISDAAL, (JACQUES)

Haut 40, large 58 pouces. Toile.

74. Un magnifique paysage montueux et pittoresque
on voit sur-l'avant scène un torrent fougueux
qui descend des montagnes en écumant à travers
des rochers qu'il sépare; sur le sommet de la
montagne on apperçoit au milieu du fond un hameau entouré de bois, il y a sur le devant, des
troncs d'arbres abattus qui ont mis à découvert
une

une maison d'un aspect pittoresque, on voit à
gauche une plus grande quantité d'arbres et de
broussailles, au milieu des quelles se trouve une
maison champêtre; sur le seuil de la porte est
une femme qui attend un homme qui vient avec
son chien, au-dessus du torrent sur une monticule au pied de la montagne principale est assis
un homme occupé à dessiner; son chien est près
de lui et le regarde attentivement; on voit à gauche des rochers, où le torrent vient se briser,
ils sont couverts de mousse et de broussailles,
plus loin sous l'horison on découvre le clocher
d'un village ainsi que quelques habitations; le ciel
est d'un effet frappant, c'est partout la nature
elle-même.

*Ce tableau est au-dessus de tout éloge; les Connois-
seurs, le regardent comme le chef-d'œuvre le plus
précieux et le mieux fini de ce célèbre artiste.*

RUISDAAL. (JACQUES)

Haut 13, large 12 pouces. Toile.

No.
75. Vue d'un paysage pendant l'hiver, la terre et les
toits sont couverts de neige, on voit devant une
chaumière des gens occupés à ramasser du bois;
et plus loin une femme qui marche dans la neige
avec un petit garçon vers le portique d'un vieux
château; sur l'avant-scène est étendu un tronc
F

d'ard'arbre avec des branches; des nuages épais obscurcissent sur la gauche un ciel vif et transparent sur la droite.

Cette production est d'un effet pénétrant, l'aspect de la saison y est représenté avec une vérité étonnante; les nuages, la neige et le ton argentin de ce tableau, forment un ensemble délicieux, on voit qu'il est du tems où le pinceau de Ruisdaal étoit dans toute sa force, c'étoit le No 88. du Catalogue de M. de Smeth.

RUISDAAL, (JACQUES)

Figures d'Adrien van de Velde.

Haut 39, large 61 pouces. Toile.

No.

76. Une vue pittoresque de la plage de Scheveningen, on apperçoit le clocher et les toits de quelques maisons de ce village entouré de dunes que la mer vient baigner, il y a sur le sable un bateau pêcheur et plus loin quelques barques à la voile, on voit des dames, des hommes et quelques pêcheurs et leurs enfans qui se promènent sur le bord de la mer, les nuages et les vagues de la mer ont beaucoup d'action et forment un aspect imposant.

Ce tableau est d'un naturel frappant, la lumière y est ménagée avec art.

RYK,

R. Y K, (C. DE)

Haut 33, large 26 pouces. Toile.

No.
77. Deux poules et un pigeon sur le devant; plus
haut sur une pierre il y a deux autres pigeons.

*Ce tableau a du naturel, les plumes y sont peintes
avec art; le coloris en est agréable.*

S.

SICARDI.

Haut 22, large 18½ pouces. Toile.

78. Fait historique moderne; on voit un officier français blessé, assis sur un matelas; son bras droit
est étendu sur le genou d'une jeune personne charmante qui panse sa blessure; le visage pâle et
défait de l'officier forme un contraste frappant
avec la physionomie fraîche et compatissante de
la jeune fille.

*Les connoisseurs donnent un grand mérite à cette
Composition; elle a beaucoup de caractère, le sujet
est heureux; c'est d'après cet original qu'a été faite
la gravure, très-connue sous le titre de* IL AUROIT
PÉRI SANS ELLE, L'HYMEN FUT SA RÉCOMPENSE.

De la même dimension que le précédent.

No.

79. On voit une femme assise qui ratisse des carottes, à ses pieds est un chaudron, une jeune fille est debout près d'elle tenant à son bras gauche un panier que renferme des pigeons; entr'ellesdeux, est un chasseur qui s'appuie sur la chaise de la vieille.

On voit rarement un coloris aussi vif et aussi frais.

SLINGELAND, (PIERRE van)

Haut 17, large 13 pouces. Bois.

80. On voit dans une chambre deux hommes assis à une table sur laquelle un jeu de cartes, celui de droite joue du violon, tandis que l'autre qui tient d'une main sa pipe, et sur ses genoux une cruche, l'écoute en souriant; derrière celui ci est une bonne femme qui prête aussi une oreille attentive; on apperçoit dans le fond trois enfans qui avancent leurs têtes par la fenêtre pour voir ce qui se passe; à gauche sur le devant est un tonneau avec une botte de carottes, de l'autre côté est couché un chien.

Ce tableau d'un fini rare à tout le mérite du meilleur éléve, de Gerard Douw les physionomies sont pleines d'action, le coloris est frais et naturel, on

re-

remarque aisément que l'auteur a voulu que ce fut
une de ses bonnes productions, il y a fait preuve d'un
grand talent, et surtout d'une patience sans exemple,
les moindres détails y sont d'un fini, qui ne laisse rien
à desirer.

S T A V E R E N, (E. van)

Haut 25, *large* 19 *pouces. Bois.*

No.
81. L'hermite en devotion. On voit à l'entrée d'une
grotte près du tronc d'un gros arbre, un hermite les mains jointes, les pieds nuds sur une
natte de jonc, un banc de gazon lui sert de
table, devant lui un grand livre dé prières ouvert
appuyé contre le tronc de l'arbre; et une tête de
mort, on voit à droite des ronces et des épines,
à sa gauche est un panier ouvert et une valise
vide, plus loin deux vieux troncs d'arbres dépouillés de branches et de feuilles.

Ce petit tableau a beaucoup de sentiment il a de la
vigueur, et porte les marques d'un bon pinceau.

SPAGNOLETTO, (JOSEPH RIBERA, dit le)

Haut 28, *large* 38 *pouces. Toile.*

82. Distribution de vivres à des indigens. Un péllérin
qui est sur le devant semble y présider, on voit

devant lui des malheureux à qui il apporte de la soupe, on les voit manger, il y a sur la gauche un tonneau ou se distribuent les portions, la scène est devant un couvent.

Il y a beaucoup de dessein et une touche ferme.

SPAGNOLETTO, (JOSEPH RIBERA, DIT LE)

Même dimension que le précédent, même sujet.

No.
83. On voit un mendiant appuyé sur un bâton, il mange un morceau de pain, près de lui sont deux autres dont l'un assis tient sur ses genoux une marmite dans la quelle une cuillier qu'il tient de sa main droite, on voit dans le fond une quantité de gens qui mangent, et d'autres qui distribuent les portions.

Il y a dans ce tableau de la fermeté, la lumière fait un effet merveilleux sur le mendiant du premier plan.

LE MÊME.

Même dimension que le précédent.

84. On voit devant un grand édifice beaucoup des gens déguenillés, sur le devant en est un à moitié nud qu'un autre mieux habillé aide à mettre une veste, il y en a un sur la droite, qui ramasse un man-

manteau en indiquant de la main que, c'est pour celui qu'on habille.

Ce tableau à de l'effet la figure principale ressort parfaitement.

SPAGNOLETTO, (JOSEPH RIBERA, DIT LE)

Même dimension que le précédent.

No.
85. On voit deux hommes qui soulèvent dans un drap un cadavre pour le porter en terre; l'un qui est à la tête est un vieillard d'une belle physionomi, l'autre plus jeune à un bandeau au tour de la tête on voit dans le lointain une ruïne et quelques édifices.

Ce tableau a une expression frappante, le peintre, a parfaitement saisi la carnation de la mort; le ton lugubre de l'ensemble est bien ménagée, on voit que le peintre étoit familier avec l'anatomie; les clairs obscurs bien distribués ici comme dans les trois précédens donnent du mérite à cette composition.

S T E E N, (J E A N)

Haut 17, large 14 pouces. Bois.

86. La mort d'Ananias ordonnée par St. Pierre, on apperçoit le mort trainé par plusieurs personnes,

à

à droite beaucoup de monde; à gauche une perspective; la scène a lieu devant un palais.

Toutes les figures sont particulièrement soignées, elles sont remplies d'expression, c'est une des meilleures productions de ce peintre, on y reconnoît la vérité d'expression que lui seul a sû atteindre à un si haut degré.

STRY, (J. van)

Haut 31, large 39 pouces. Bois.

No.
87. Un riant paysage, on voit dans le premier plan une masse d'arbres à droite au pied des quels sont plusieurs vaches et moutons; non loin une chaumière; une belle vache noire et blanche s'avance en paturent vers un clair ruisseau au bout du quel on apperçoit une verte prairie bordée de saules; on voit dars le fond quelques vaches et une paysanne occupée à en traire une. Le ciel est pur et le soleil produit un effet charmant.

On reconnoît à l'ensemble naturel de ce tableau l'ouvrage achevé d'un peintre habile.

T.

TERBURG, (GERARD)

Haut 17½, large 14½ pouces. Toile.

88. Ce tableau représente l'intérieur d'une chambre on voit d'abord sur la droite une vieille femme

as-

assise occupée à coudre; sa coiffure blanche est
originale, son manteau noir est bordé d'une pel-
leterie blanche, son tablier est blanc, son pied
est hors d'une de ses pantoufles, sa physionomie
peint l'application qu'elle met à son ouvrage;
près d'elle est un berceau d'enfant, plus loin dans
le fond est une servante occupée près de la cheminée à des travaux de ménage.

*On trouve dans ce tableau tout l'agrément d'une
bonne production Hollandoise, c'etoit le No. 101. du
Catalogue de Mr. de Smeth.*

TENIERS, (DAVID) et HEEM (JEAN DE)

Haut 19, large 24 pouces. Bois.

No.
89. L'intérieur d'une grange, où l'on voit des fruits
    et des légumes; un paysan, un jeune homme et
    une femme qui sort; on apperçoit quelques chau-
    drons et autres objets de ménage.

*Ce tableau de la Collection de Mr. de Smeth, No. 99.
est d'un coloris animé, les figures sont habilement trai-
tées, tous les détails attestent deux pinçeaux pleins de
talent.*

Haut 12½, *large* 15 *pouces. Toile.*

No.

90. Près du portique d'une belle ruïne on voit deux
pâtres avec leur troupeau ; à droite est un bel
arbre près du quel se prolonge la ruïne ; à gauche
est une chaumière , plus loin une touffe d'arbres.

Ce tableau est d'un fini qui plaît à l'œil.

L E   M Ê M E.

Même dimension que le précédent.

91. A droite est une chaumière ombragée par de grands
arbres ; tout près est la grande route sur laquelle
on apperçoit un chariot rempli de paysans. Un
pauvre leur demande l'aumône ; à la porte de la
chaumière est une femme avec son enfant, le
fond représente à gauche une grande étendue de
bruyéres.

*Ce tableau ainsi que le précédent , dont il est le pen-
dant, est d'une belle clarté, le coloris en est vif et
l'ensemble on ne peut plus naturel.*

U.

U.

ULFT, (JACOB van der)

Haut 31, *large* 51 *pouces.* **Toile.**

No.

92. Retour triomphant des Romains, on apperçoit une vaste place publique de Rome ; de droite et de gauche on voit de magnifiques palais en ruïne, plus loin au second plan beaucoup d'édifices publics ; le fond offre des montagnes et une immense étendue de pays. Un grand nombre de guerriers armés fait son entrée triomphante dans Rome, ils sont devancés par des chameaux, par des éléphants et autres bestiaux, plusieurs charriots sont chargés de butin ; au premier plan à droite on voit un grand nombre d'esclaves qui demandent leur liberté : une femme est à genoux aux pieds d'un général des vainqueurs, elle lui montre son enfant, une autre femme de condition vêtue de bleu est debout près de lui.

Il y a dans ce tableau des détails innombrables ; la perspective est superbe ; sa touche ferme et aisée annonce l'ouvrage d'un excellent pinceau.

V.

V.

VELASQUEZ.

Haut 65, large 62 pouces. Toile.

No.

93. Deux compagnes de Diane au bain; elles sont nues; l'une prête à sortir du bain semble arrerée par quelque chose qui fixe son attention, l'autre tout à fait hors du bain est dans une attitude courbée, un pied posé sur une pierre, elle semble s'essuyer; pres d'elle est un jeune enfant nud, la tête ceinte d'une couronne de feuilles; on apperçoit au fond de gauche un torrent qui descend des montagnes, et sur l'avant-scène deux chiens de chasse; des carquois des flèches et autres armes de chasse.

Ce tableau a de l'élégance et de la hardiesse; le coloris en est doux, et les détails fort agréables; on voit que le peintre y a mis de l'application.

VELDE, (ADRIEN VAN DE)

Haut 25, large 20 pouces. Toile.

94. Un paysage montueux, on voit à droite sur une monticule un grand arbre dont le pied est entouré d'une haye de planches, tout près est un chien;

un

un peu plus loin deux chasseurs, l'un à cheval
est suivi de deux chiens, on voit à droite deux
paysans assis sur une monticule; plus sur la gauche serpente un ruisseau bordé d'arbres, près des
quels on distingue un berger avec son troupeau,
on voit çà et là des habitations.

*Ce tableau est d'une distribution charmante; le site
en est bien choisi; on reconnoît au coloris un bon pinceau, et à la vérité de l'ensemble un artiste qui a
fait une étude particulière de la nature.*

VERNET, (JOSEPH)

Haut 33, large 47 pouces. Toile.

No.

95. Vue de la mer de grand matin. On voit sur l'avant-
scène du milieu trois pêcheurs sur un éclat de
rocher, l'un est debout et contemple la main
levée, ce qui se passe au large; de tous côtés
sont des pêcheurs qui retirent leurs filets; à gauche est la pointe de la jettée près de la quelle on
voit une femme debout, et tout près un homme
assis sur deux piéces de canon, on voit la moitié
d'un navire qui s'éleve au dessus de la jettée;
dans le lointain on distingue en pleine mer un
vaisseau à trois mats, on voit sur le second plan à
gauche une masse de hautes montagnes et de rochers dont l'un forme une voûte sous la quelle

G 3

sont

sont deux barques de pêcheur, la hauteur principale est couronnée d'une ruine pittoresque.

*Ce tableau est rempli d'action; un habile pinçeau,
peut seul y avoir aussi légérement disposé la lumière,
la perspective y produit un effet admirable, le coloris
en est moëlleux et l'éxécution on ne peut plus soignée.*

VERNET, (JOSEPH)

Haut 33, large 47 pouces. Toile.

No.

96. Vue d'hiver. On voit à droite au premier plan, un
homme et une femme avec leur petit garçon qui
s'acheminent vers une chaumière blanchie par le
neige, un autre garçon les devançe, la mère à
encore un enfant sur son dos, la terre est couverte de neige, la chaumière est située sur des rocs
près d'un ravin, elle est entourée de quelques
arbres derrière les quels sont de hauts rochers;
on voit sur leur sommet une ruïne élévée. Sur
l'avant-scène est un chien avec deux chasseurs
dont l'un tire sur deux canards sauvages.

*Ce site est d'un effet imposant, le sujet est d'une
belle invention; c'est un des chef-d'œuvres de Vernet.*

VERNET, (JOSEPH)

Haut 33 , *large* 47 *pouces. Toile.*

No.
97. Vue d'un incendie nocturne en Italie, on voit dans
le milieu du tableau des tourbillons de flamme et
de fumée, devant au pied des montagnes de la
droite est une langue de terre avancée dans la mer
et terminée par un phare qui ressemble à une
longue ruïne où l'on apperçoit une charette chargée d'effets et entourée d'une quantité de monde;
on voit sur l'eau deux barques chargées de monde,
il y a aussi sur le rivage plusieurs barques qui
s'apprêtent à aller au secours des malheureux
incendiés.

*Ce Tableau n'est éclairé que par la flamme , il est
d'une vérité effrayante, le coloris en est beau; c'est
sans contredit un des bons ouvrages de Vernet.*

L E   M Ê M E.

Même dimension que le précedent.

98. Vue de frascati. On voit sur la droite deux
rochers dont le sommet est couvert de broussailles; au milieu se précipite un torrent dont les
flots écumans viennent former une espèce de lac
dominé de tous côtés par des hauteurs; on voit
à gauche sur la montagne principale une ruïne
im-

imposante; et tout au bas sur le devant du premier plan deux femmes qui se reposent près de
quelques morceaux de rocher détáchés qui se
sont fixés pres d'un vieil arbre dépouillé de feuilles; devant elles est un homme avec son chein.
On voit tout à fait sur l'avant scène deux pêcheurs
occupés à retirer leurs filets.

Ce tableau est d'un naturel que peut seul atteindre
Vernet, il respire une douce mélancolie, le coloris
est frais, on y remarque un talent bien rare.

VERTANGEN, (DANIEL)

Haut 30, large 14 pouces. Toile.

No.
99. Paysage montueux. On voit beaucoup de nymphes
qui se baignent dans une eau limpide; plusieurs
s'effrayent à l'aspect de deux hommes qui sont
sur le haut de la montagne de gauche, l'une
d'elle se sauve avec une draperie bleue sur les
épaules; du côté droit sont des rochers couronnés
par une belle ruïne garnie de mousse et de broussailles.

Ce tableau a des formes charmantes, la Carnation
est on ne peut plus naturelle, il est rempli d'action
et de goût.

VLIET,

V L I E T, (HENRY VAN)

Haut 40, *large* 32 *pouces. Toile.*

No.
100. L'intérieur d'une Eglise protestante.   On voit plusieurs groupes de personnages ; sur le devant est un tombeau ouvert dans lequel est un homme descendu jusqu'à la moitié du corps, on voit qu'il est occupé à creuser ; on distingue la chaire sur la gauche, le fond offre une vaste perspective magnifique, la colonnade est parfaitement rendue, la lumière est d'une clarté qui étonne.

On voit que ce peintre avoit une connoissance profonde des proportions de l'architecture. Ce tableau est du plus grand mérite ; il feroit honneur à un artiste du premier talent.

W.

WEENIX, (JEAN)

Haut 34, *large* 59 *pouces. Toile.*

101. Quelques pièces de gibier.   On voit à gauche un lièvre mort ; au milieu un faisant ; à droite est un chien qui aboye en menaçant un oiseau de proye qui dirige son vol vers le gebier mort.

Ce tableau est étonnant par son effet naturel, le lièvre est d'une ressemblance extraordinaire ; le peintre avoit fait une étude particulière de ce genre, il y a atteint la perfection.

H   WEE.

WEENIX, (JEAN BAPTISTE)

Haut 41, *large* 57 *pouces. Toile.*

No.

102. Site d'Italie; des vastes monumens de l'antiquité. Sur le devant est un guerrier à cheval, une femme à genoux et un enfant implorent sa clémence; on voit plus loin d'autres personnages et beaucoup de bétail; on apperçoit dans le lointain un port de mer.

Ce tableau de la Collection de Mr. de Smeth, No. 117. est d'une noble ordonnance, la touche en est hardie et l'architecture des édifices d'une belle exécution.

WERF, (PIERRE van der)

Haut 8, *large* 6 *pouces. Bois.*

103. Adam et Eve après la séduction du serpent. On voit au pied d'un arbre touffu, Adam tourner vers le ciel des regards pleins de repentir; Eve est à côté de lui et partage sa tristesse, ses chastes yeux sont baissés vers la terre, le serpent est devant eux.

Ce tableau présente deux excellentes études d'anatomie; la carnation en est superbe, et la lumière y fait un effet admirable.

WOU-

WOUWERMAN, (PHILIPPE)

Haut 20 , *large* 30 *pouces. Toile.*

No.

104. Le départ pour la chasse au faucon. On apperçoit sur la droite une superbe maison de-
campagne et beaucoup de chasseurs qui s'apprêtent. Un seigneur et une dame descendent le
perron ; ils sont suivis d'une meute de chiens et
d'un nègre qui a un faucon à la main ; on voit
au bas un grand nombre de chiens occupés à
manger ce qu'on leur distribue, il y en a deux
qui boivent près d'une fontaine gothique dont
l'eau coule ; au bas du perron sont deux chevaux de selle l'un alezan et l'autre blanc deux
hommes les tiennent et ils paroissent destinés
au seigneur et à la dame ; derrière le cheval blanc
est un fauconier avec deux chiens de chasse
dont l'un grimpe sur lui ; tout près vis-à-vis
la terrasse est un cavalier qui sonne du cor ;
son cheval brun a la crinière blanche ; plus loin
au pied de deux grands arbres sont deux chasseurs qui arrangent leur chaussure: au bout de
la terrasse on voit sur la gauche deux chasseurs l'un est à cheval précédé de deux chiens ;
l'autre à pied porte une grande quantité de fau-
cons ; on distingue devant eux une paysanne ;

on voit plus loin une grande étendue de pays
dont la perspective est charmante.

*Ce morceau est d'une perfection, qui ne laisse rien à
desirer ; il y a de l'action par tout ; les figures les
chiens et particulièrement les chevaux sont d'un naturel mouvant ; le coloris est vif et pur, la lumière est
repartie avec art, le dessin est large et moëlleux, en
un mot si Wouwermans a fait un autre tableau, aussi
fini que celui-ci, il n'en a pas peint de meilleur.*

WOUWERMAN, (PHILIPPE)

Haut 14, large 12½ pouces. Bois.

No.

105. Un paysage montueux. On voit à gauche sur
le devant une belle eau, près de la quelle est une
charette attelée d'un cheval brun et chargée de
sable, non loin est un cheval de couleur claire.
sa selle est cramoisi ; près de ses pieds de derrière est un jeune paysan un genou en terre,
occupé à rélever le cartier de son soulier, tout
près est un chien ; à droite est un homme sur
un cheval gris qui s'éloigne ; un autre homme
marche une barrique sur le dos ; à côté de lui
est un petit garçon ; plus avant un jeune paysan
qui mène un cheval par la bride ; le second
plan représente quelques montagnes, à gauche
est la plus haute, on distingue sur son sommet
deux

deux personnages qui contemplent l'horison;
tout au bas sur le bord de l'eau est un chasseur
un genou en terre, il tire un coup de fusil.

*Ce petit chef-d'œuvre est charmant, il est d'un effet
très-pittoresque, tout y est animé, la nature y est
on ne peut mieux imitée, tout y est délicieux; on y
trouve tous les caractéres qui distinguent les meilleures productions de ce peintre celèbre.*

WYCK, (THOMAS)

Haut 10, large 11 pouces. Bois.

No.
106. Un pont italien, sur lequel est une tour qui
forme ruine; on voit à droite un homme à cheval; au premier plan à gauche est un homme
dans une barque; on distingue plus loin du même
côté quelques pêcheurs et autres personnages.

*Cette petite composition est d'un coloris chaud, il y
a de la légèreté, et la clarté y est agréablement distribuée.*

WYNANDS, (JEAN) et LINGELBACH, (JEAN)

Haut 43, large 52 pouces. Toile.

107. Un paysage couvert d'arbres du coté droit; on
voit à gauche une partie de chasse au premier

plan un chasseur à cheval précédé de quelques chiens, qui s'acheminent vers un étang; à côté de lui un fauconier à pied; plus loin un autre chasseur à cheval et quelques chasseurs par-ci par-là avec leurs chiens; des troncs d'arbres étendus par terre, et une grande quantité de broussailles, offrent un coup d'œil champêtre; la gauche présente une vue tres étendue, la perspective en est charmante. Le soleil produit un effet agréable, les troncs d'arbre et le réflet du soleil sont d'un naturel frappant.

Les deux artistes qui ont travaillé à ce tableau ont cherché chacun dans leur partie à rendre la nature avec une exactitude pleine d'illusion; ils ont parfaitement réussi.

Z.

ZAFTLEVEN, (CORNEILLE)

Haut 17½, large 15 pouces. Bois.

108. On voit à gauche une femme occupée à récurer un chaudron: à droite est un tonneau, quelques pots, une botte de paille et quelques autres objets.

Ce morceau est d'une touche pleine de force.

ZORGH,

Z O R G H, (H E N R I M.)

Haut 26, large 21 pouces. Bois.

No
109. Une paysanne près d'une table, sur la quelle est
un baquet et un vase de Cuivre; on voit par terre
un panier dans lequel, il y a des œufs et d'autres
ustensiles de ménage.

*Le coloris et le naturel de ce tableau en font une
très bonne composition.*

L E   M Ê M E.

Haut 12, large 13½ pouces. Bois.

110. L'intérieur d'une habitation villageoise: quatre
paysans assis dont l'un sur des barriques et sur
des paniers; deux autres font une partie de
cartes sur un tonneau qui leur sert de table,
un troisième les regarde en bourrant sa pipe
et le quatrième tient sa pipe à la main, et a la
tête tournée vers une cruche de bierre, qui est
par terre; on voit de côté et d'autre quelques meubles de ménage; la gaité regne sur les visages,
dont les traits sont variés et caractéristiques.

*Cette composition originale fait honneur à l'école
hollandoise.*

* * *
* *
*

TABLEAUX.

Qui seront vendus à la suite de la Collection de
Monsieur H. CROESE, E. Z.
Le 18 Septembre 1811.

BEGA, (CORNEILLE)

Haut 14, large 18 pouces. Bois.

No.
111. On voit dans l'interieur d'une cabane sur l'avant
plan, un groupe de paysans asfis devant un tonneau ou il y a une bouteille de liqueur, des pi-
pes et du feu; une femme debout un verre à
la main est carresfée par un villageois, au fond
sont deux autres paysans auprès de la cheminée
dont l'un assis, et l'autre qui allume sa pipe.

Le colloris est clair et agréable, et d'un pinceau fini.

DELEN, (T. VAN)

Haut 18, large 24 pouces. Bois.

112. Vuë d'une cour avec une belle colonade de différentes sortes de marbre et ornée de diverses
statues; à droite un superbe palais devant lequel

A

quel une fontaine jaillissante ; il y a de plus
quelques édifices et des arbres, plusieurs personnages qui se proménent enrichissent l'ensemble.

*Ce tableau est d'une belle ordonnance, le coloris
est d'une teinte agréable, il est aisé d'y réconnoître
le pinceau d'un des meilleurs peintres d'architecture.*

D U B B E L S,   (H.)

Haut 20, large 25 pouces. Toile.

No.

113. Ce tableau represente une mer fortement agitée
par une tempête violente, le ciel est orageux et
obscurci. Sur le devant on voit un navire jetté
sur le rivage contre des rochers, sur les quels
l'equipage se sauve.

*Ce tableau est d'un bel effet pour le clair obscur
et d'un pinceau piquant, la fureur de la mer y est
bien rendue.*

E I K,   (AB. van der)

Haut 18, large 14 pouces. Bois.

114. Un marchand d'oiseaux près d'un établi ornée
de basreliefs et couvert d'un tapis sur lequel
on voit plusieurs piecès de gibier mort, derriére
lui est une femme ; un seau au bras, elle paroit occupée à parler avec le Marchand.

*Ce morceau est d'une touche large et d'un dessin
régulier dans le genre de* F. MIERIS *le jeune.*

HOB-

HOBBEMA, (MEINDERT)

Haut 25, large 36 pouces. Bois.

No.
115. Ce magnifique tableau représente un paysage;
- au milieu, et sur le premier plan est placé un
grand chéne, à droite on voit deux maisons,
et une rangée d'arbres au bord d'une pièce d'eau,
dans laquelle ces objets reflètent de la maniere
la plus naturelle et la plus frappante; à gauche
on apperçoit une grange, la vue est en outre
terminée par une masfe d'arbres et un enclos de
poteaux très artistement eclairés par le soleil,
on y voit aussi quelques figures et accessoires.

*Cette production vigoureuse et hardie, justifie la
reputation distinguée de cet artiste.*

L E   M Ê M E.

Haut 21, large 26½ pouces. Bois.

116. Ce Tableau précieux représente une forét d'un
site des plus piquants et ornée de plusieurs figures : un sentier à la gauche qui y conduit et ou
marchent deux personnages; a drpite et dans le
lointain se decouvre un chateau; on voit sur l'a-
vant

A 2

va t plan plusieurs troncs d'arbres renversés ;
desrnces, broussailles, plantes etc.

*Ce tableau qui est d'une grande verité et d'une
couleur brillante, est une des plus savantes production
de ce grand peintre.*

HOOGE, (PIERRE DE)

Haut 29½, large 25½ pouces. Toile.

No

117. Dans l'interieur d'un apartement antique meublé ;
on voit au milieu, une dame de distinction assise
vétue en casaquin de velours rouge, garni de
fourrures, avec un jupon de satin blanc, elle
paroit s'amuser à nourrir un peroquet, sa petite
fille se tient debout à coté d'elle tandis qu'une
servante joue avec un enfant, qu'elle tient devant
un miroir, les portes ouvertes de la chambre
offrent la vue d'un canal garni de maisons et
d'arbres.

*Ce tableau est d'un fini précieux, et d'un ton de
couleur agréable ; l'ensemble se distingue par une lumière piquante, qui fait illusion ; c'est une des meil-
lieures production de cet habile artiste qui s'est surtout distingué dans l'art de rendre les perspectives.*

HORSTOK, (J. P. VAN)

Haut 24, large 18½ pouces. Bois.

118 Une paysanne devant une maison villageoise,
elle tient dans ses bras un enfant ; près d'elle

est

est une autre petite fille, une femme d'âge est
sur le seuil de la porte tandis qu'un homme assis
sur un banc allume sa pipe.

Ce petit morceau plait à l'oeil il est plein de cha-
leur et d'un coup de pinceau exercé.

MIERIS, (FRANÇOIS VAN) *le Jeune.*

Haut 12, large 9 pouces. Bois.

No.
119. Un marchand de volaille devant un établi orné
de basreliefs et sur lequel est un panier de pigeons, ainsi que deux liévres morts; le marchand tient à la main un dindon mort; près de
lui est une femme qui paroit lui offrir de l'argent
pour un canard.

Cette production est d'un naturel artistement
exprimé.

MIERIS, (GUILLAUME VAN)

Haut 9, large 6½ pouces. Bois.

120. Portrait d'un homme de distinction richement
costumé en manteau de velours cramoisi.

Il est d'un grand fini, et executé avec beaucoup d'art.

MONI, (LOUIS DE)

Haut 15, large 13 pouces. Bois.

No.
121. Une bonne viëille femme occupée à faire de la
dentelle dans une chambre à coucher; a gauche est une jeune fille le coude appuyé sur
une table sur la quelle est une chandelle allumée; sur le devant est une cruche.

*La lumière y est parfaitement rendue, l'ensemble a
du naturel.*

OS, (J. VAN)

Haut 17, large 14½ pouces. Bois.

122. Un vase rempli de belles fleurs; sur la gauche
est un nid d'oiseaux avec des oeufs.

*Cette jolie composition est d'une ordonnance pleine
de goût et d'élégance, le coloris a beaucoup de frai-
cheur et de naturel.*

PÓT-

P O T T E R. (P A U L)

Haut 15, large 17 pouces. Bois.

No.

123. On voit dans une grange deux cochons; à gauche dans le fond est un paysan qui les regarde attentivement par une fenêtre.

Ce fameux maitre a entièrement atteint la ressem-blance de la nature; sa touche est pleine de vigueur.

RUISDAAL, (JACQUES)

Haut 15½, large 18 pouces. Toile.

124. Un riche paysage garni d'arbres : sur le devant est une eau qui coule rapidement. A droite est un pont de planches qui monte vers un chemin qui conduit à deux habitations cham-pêtres ; on apperçoit deux Piétons avec un chien ils s'acheminent vers une colline ou donne le soleil, et sur la quelle un moulin à vent;

A 4

on

on voit à gauche une belle perspective montueuse
et couverte d'arbres

Ce charmant tableau ne le cède en rien aux pro-
ductions les plus agréables de Ruisdaal; coloris, des-
sin, disposition de site, tout se réunit pour en faire
une composition d'un grand mérite.

SMAK GREGOOR, (J.)

Haut 27, large 35 pouces. Bois.

No.
125. Un paysage agréablement choisi ; on y voit
plusieurs bestiaux ainsi q'une charette de paysan
sur laquelle est assise une paysanne , plus loin une
maison champêtre ; à gauche près d'une masse
d'arbres sont deux brebis et une chèvre. La
perspective offre une étendue de campagne avec
plusieurs ornements ainsi q'une église et son
clocher.

Ce morceau à de la chaleur la clarté en est bien
ménagée, et le coloris aussi.

SLUY,

SLUY, (JACOBUS van der)

Haut 19, large 15 pouces. Bois.

No.
126. On voit dans une chambre un officier assis qui présente une tasse de café à une dame; prés d'elle et non loin d'un trompette de Régiment est un enfant. La porte ouverte laisse entrevoir une perspective.

STAVEREN, (E. van)

Haut 15½, large 12 pouces. Bois.

127. Un hermite en méditation devant une table cou- verte d'un tapis sur lequel est posé un grand livre ouvert, un crucifix, et une tête de mort, derrière l'hermite on découvre à travers l'ou- verture de la grotte, un paysage montagneux.

Ce tableau est d'un coloris agréable et d'un fini si précieux, quil pourroit passer pour un des bons ouvra- ges de G. Dou.

STRY, (A. VAN)

Haut 26, large 22 pouces. Bois.

No.

128. Un homme d'âge assis dans un fauteuil près d'une fenêtre; il est occupé attentivement à lire; devant lui est une table recouverte d'un tapis verd, et sur la quelle on voit un globe céleste; il a un chien sur ses genoux; on voit dans la chambre plusieurs meubles, un coffre et des livres, et par l'ouverture d'une porte dans une autre chambre.

Ce morceau à beaucoup d'agrémens, le reflet du jour y fait un effet surprenant, le coloris a beaucoup d'éclat.

STRY, (J. VAN)

Haut 28, large 35 pouces. Bois.

129. Un paysage attrayant couvert d'arbres; on voit à gauche un troupeau de bestiaux sur un chemin escarpé près d'une ferme entourée d'arbres

de

de haute futaie; à droite est une pièce d'eau claire, et plus loin deux maisons champêtres et quelques arbres éclairés par le soleil.

Ce charmant tableau est traité d'une manière savante le coloris en est chaud et la composition parfaitement variée.

TEMPEL, (A. van den)

Haut 50, large 70 pouces. Toile.

No.
130. Trois dames et deux seigneurs richement costumés; à gauche est assise une de ces dames tenant d'une main une orange et de l'autre un bouquet de fleurs, prés d'elle est une autre dame qui à l'air d'appeller un petit chien; derrière en est une plus agée qui pince de la guitarre; à droite un homme une canne à la main, et derrière lui un jeune homme avec un chien de chasse.

Cette composition réunit toutes les qualités qui constituent un excellent tableau; l'artiste a voulu imiter le genre du célébre B. VAN DER HELST il a surpassé son madéle.

TER

TER BURG, (GERARD)

Deux tableaux hauts chaque 19, larges 16½ pouces. Bois.

No.
131. Deux portraits l'un d'un homme l'autre d'une dame en beau costume hollandais.

La force du pinceau de cet artiste se retrouve ici d'une manière agréable.

LE MÊME.

Haut 23, large 20 pouces. Bois.

132. On voit une dame assise, un damier est devant elle, elle semble jouer avec un Monsieur qui est vis à vis d'elle à l'autre bout de la table. Un chien dort sur une chaise; on appercoit dans le fond un domestique qui entre avec des rafraichissements.

Cette composition est agréable et d'une touche ferme.

VER-

VERSTEEG ou MEULEMANS, (A.)

Haut 9½, large 8½ pouces. Bois.

No.
133. Une viëille femme ses lunettes sur le nez, et
occupée à lire dans la bible; elle est assise près
d'une table couverte d'un tapis et sur la quelle
est une chandelle allumée.

*La lumière produit un effet bien admirable, l'en-
semble est d'un naturel qui seduit.*

WYNANDS (JEAN) et LINGELBACH, (J.)

Haut 28, large 35 pouces. Toile.

134. Un paysage montucux et riche en arbres; on
voit en avant une pièce d'éau entourée d'her-
bages et de broussailles; parterre sont le tronc
et les branches d'un arbre, prés d'une masse
de grands arbres, l'ensemble est meublé de chasseurs et autres personnages et de chiens de chasse; les figures sont de *J. Lingelbach.*

*Agrément, vigneur, beau coloris, ce tableau réuit
tout ce qui peut concourrir à faire une bonne composition.*

Z E-

ZEGELAAR, (G.)

Haut 10, *large* 9 *pouces.* **Bois.**

No.

135. Une marchande de poisson : devant elle est un panier de poisson q'elle présente ; plus loin un autre panier.

Ce tableau à beaucoup de naturel.

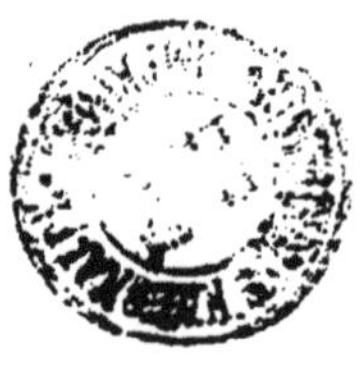

à AMSTERDAM, CHEZ

JEAN YVER

ET

B. J. CRAJENSCHOT,

Libraires.

9 782329 577739